CON GRIN SU CONOCIMIENTOS VALEN MAS

- Publicamos su trabajo académico, tesis y tesina

- Su propio eBook y libro - en todos los comercios importantes del mundo

- Cada venta le sale rentable

Ahora suba en www.GRIN.com y publique gratis

Justiniana Gutierrez Lagunes, Julio Fernando Salazar Gómez

Imaginario Individual de Carreras Universitarias de Jovenes de Secundaria y su Relación con la Eficiencia Terminal de la Carrera de Ingeniería Industrial

GRIN Verlag

Bibliografische Information der Deutschen Nationalbibliothek:

Die Deutsche Bibliothek verzeichnet diese Publikation in der Deutschen National-
bibliografie; detaillierte bibliografische Daten sind im Internet über http://dnb.d-
nb.de/ abrufbar.

Imprint:

Copyright © 2010 GRIN Verlag GmbH
Druck und Bindung: Books on Demand GmbH, Norderstedt Germany
ISBN: 978-3-656-61192-9

This book at GRIN:

http://www.grin.com/es/e-book/269876/imaginario-individual-de-carreras-universi-
tarias-de-jovenes-de-secundaria

GRIN - Your knowledge has value

Der GRIN Verlag publiziert seit 1998 wissenschaftliche Arbeiten von Studenten, Hochschullehrern und anderen Akademikern als eBook und gedrucktes Buch. Die Verlagswebsite www.grin.com ist die ideale Plattform zur Veröffentlichung von Hausarbeiten, Abschlussarbeiten, wissenschaftlichen Aufsätzen, Dissertationen und Fachbüchern.

Visit us on the internet:

http://www.grin.com/

http://www.facebook.com/grincom

http://www.twitter.com/grin_com

"IMAGINARIO INDIVIDUAL DE CARRERAS UNIVERSITARIAS DE JÓVENES DE SECUNDARIA Y SU RELACIÓN CON LA EFICIENCIA TERMINAL DE LA CARRERA DE INGENIERÍA INDUSTRIAL"

Dra. Justiniana Gutiérrez Lagunes.

Dr. Julio Fernando Salazar Gómez.

Resumen:

La presente investigación surge de la necesidad de la problemática de los bajos índices de deficiencia terminal que se han dado en la carrera de Ingeniería en Industrial en los últimos años, con la generación 2008 solo 103 de 189 jóvenes egresaron teniendo un 54% de eficiencia terminal, en la generación 2009 solo 102 de 195 jóvenes egresaron por lo tanto es un 52% de eficiencia terminal, en la generación 2010 solo 123 de 213 jóvenes egresaron contando con un 58% de eficiencia terminal y en la generación 2011 solo 99 de 183 alumnos egresaron teniendo un 54% de eficiencia terminal, con esto se visualiza la baja eficiencia terminal para lo cual esta investigación busca deslumbrar la relación de los factores que inciden en esta problemática, desde el imaginario individual de los muchachos de nivel básico con nivel superior, tomando muestras[1] tanto de los jóvenes del Tecnológico así como de los jóvenes de educación Básica de la Escuela Secundaria Técnica Industrial No. 15 de Tierra Blanca, Ver.

Palabras clave: Eficiencia terminal, Imaginario individual y deserción.

Abstract:

This research arises from the need for the issue of the low terminal deficiency rates that have occurred in Industrial engineering career in recent years, with the generation 2008 only 103 of 189 young people graduated with 54% of terminal efficiency, in the 2009 generation only 102 of 195 young people graduated so it is 52% of terminal efficiencyin the class of 2010 only 123 213 young graduated with a 58% of terminal efficiency and the 2011 generation only 99 183 students graduated with 54% of terminal efficiency, this is displayed low terminal efficiency for which this research seeks to dazzle the relation of the factors affecting this problem from the individual imagination of boys from basic level to upper level, taking samples both young technological as well as young people of basic education of Industrial technical high school No. 15 of Earth...

Key words: terminal efficiency, individual imagination and desertion.

Desarrollo.

Actualmente se vive en un proceso de cambio educativo, el cual no afecta solamente a las universidades y profesores, sino también a los jóvenes y sus familias, involucrándolas más que nunca en el diario quehacer académico, destinado al óptimo aprovechamiento de la escuela misma, no es de negar que cada vez más se esté innovando en implementos competitivos e innovadores como nos lo menciona Zúñiga: "ante una competencia que ha trascendido los ámbitos locales, las instituciones educativas buscan la calidad de lo que ofrecen al ingresar en las filas de los que luchan por abrir y mantener un mercado, no necesariamente económico, para ofrecer productos y servicios internacionales, competitivos e innovadores permeados por un enfoque humanista, que responda a las demandas sociales de la mundialización", p.11, es por esto que surge la idea de la presente investigación centralizada en la Escuela Secundaria Técnica Industrial No.15, la cual cuenta con 5 tecnologías para los jóvenes, las cuales son: computación, alimentos, electricidad, mecánica y contabilidad, donde los jóvenes

---

1. Las muestras tomadas son no probabilísticas de las cuales 97 alumnos son de 3 grupos de Ingeniería en Industrial del ITSTB, 290 jóvenes de nuevo ingreso al ITSTB y 50 jóvenes de tercer grado de todas las tecnológicas de la Escuela Secundaria Técnica Industrial No. 15.

son seleccionados por un examen de aptitudes, aprenden de manera técnica la aplicación a la vida cotidiana de la especialidad seleccionada, aquí es donde los muchachos empiezan a visualizar a través de proyectos como podría ser su futuro laboral, siendo este nivel muy importante para vislumbrar una especialidad para ingresar al bachillerato y escoger posteriormente una carrera universitaria, dentro de la entrevista de imaginario individual a los jóvenes de secundaria para visualizar la carrera a estudiar a futuro nos mencionaron lo siguiente:

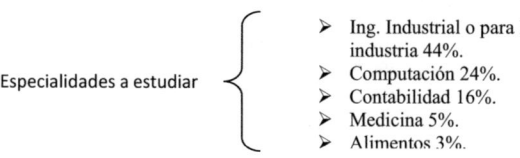

Especialidades a estudiar
- ➢ Ing. Industrial o para la industria 44%.
- ➢ Computación 24%.
- ➢ Contabilidad 16%.
- ➢ Medicina 5%.
- ➢ Alimentos 3%.

También se observa la universidad donde tienen pensado cursar su carrera:

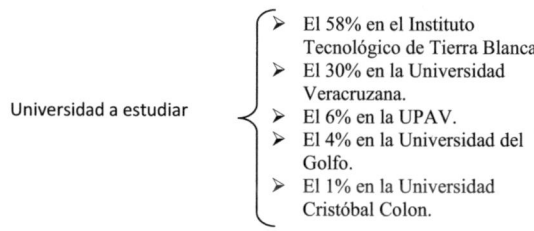

Universidad a estudiar
- ➢ El 58% en el Instituto Tecnológico de Tierra Blanca
- ➢ El 30% en la Universidad Veracruzana.
- ➢ El 6% en la UPAV.
- ➢ El 4% en la Universidad del Golfo.
- ➢ El 1% en la Universidad Cristóbal Colon.

Así mismo nos mencionan su opinión sobre la importancia de los conocimientos en la etapa de la secundaria:

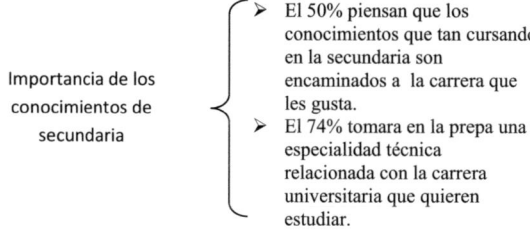

Importancia de los conocimientos de secundaria
- ➢ El 50% piensan que los conocimientos que tan cursando en la secundaria son encaminados a la carrera que les gusta.
- ➢ El 74% tomara en la prepa una especialidad técnica relacionada con la carrera universitaria que quieren estudiar.

Nos podemos dar cuenta en las entrevistas a los jóvenes de secundaria, la visualización del imaginario de carreras universitarias que ellos tienen, el cual ya sea por platicas con otros compañeros, por sus familiares o la misma moda que se vive en la vida cotidiana, van formando su decisión a futuro y que en muchas ocasiones no cuentan con la información correcta, siendo en este caso la información de la estructura de las carreras universitarias, como nos menciona el autor Salazar (2012):

> *"Lo que "imaginario" nombra deriva, ante todo, de la problemática de la imaginación. En el siglo XX surge el uso extendido de la sustantivación "lo imaginario" como testimonio de una renovación de la reflexión en torno al tema de la imaginación, la creación y la comprensión del ser humano. Tal vez la sucesiva reducción de la imaginación a fantasía y de ésta a pura ficción condujo la adjetivación "imaginario" a su descrédito y su reemplazo por el sustantivo. El ámbito de esta renovación fue fundamentada en el psicoanálisis (Sigmund Freud), el arte (el surrealismo), la filosofía y la antropología (Jean-Paul Sartre). A partir de estas referencias, la presencia del término "imaginario" en las ciencias sociales proliferó indiscriminadamente hasta constituirse en una palabra de moda que parece indicarlo todo aún a costa de perder su fuerza explicativa. En algunos de estos usos ocupó el lugar de conceptos clásicos como "representaciones colectivas" o "ideología", conceptos que desde su formación constituyeron una explicación al problema de las significaciones en referencia a la sociedad. Una utilización adecuada de "lo imaginario" en este contexto puede contribuir a la renovación y el enriquecimiento de estas problemáticas en relación con la comprensión de la sociedad moderna y contemporánea".(p. 31).*

En el Instituto Tecnológico Superior de Tierra Blanca se imparte la carrera de Ingeniería Industrial, la cual cuenta con la mayor matricula a comparación de las otras carreras, es decir los jóvenes[2] prefieren esta carrera sobre las demás que oferta el Instituto (Ing. en Industrias Alimentarias, Ing. en Sistemas Computacionales, Ing. en Innovación Agrícola Sustentable, Ing. en Electrónica, Ing. en Administración, Ing. Mecatrónica y Licenciatura en Contador Público), como se visualiza a continuación en la entrevista de imaginario individual a jóvenes de la carrera de Ingeniería Industrial:

Elección de la carrera
- ➤ El 51% fue su segunda opción.
- ➤ Al 27% se la impusieron.
- ➤ Solo el 22% la eligieron

---

2. Las muestra fue tomada a 290 alumnos de nuevo ingreso de la carrera de Ingeniería Industrial del ITSTB.

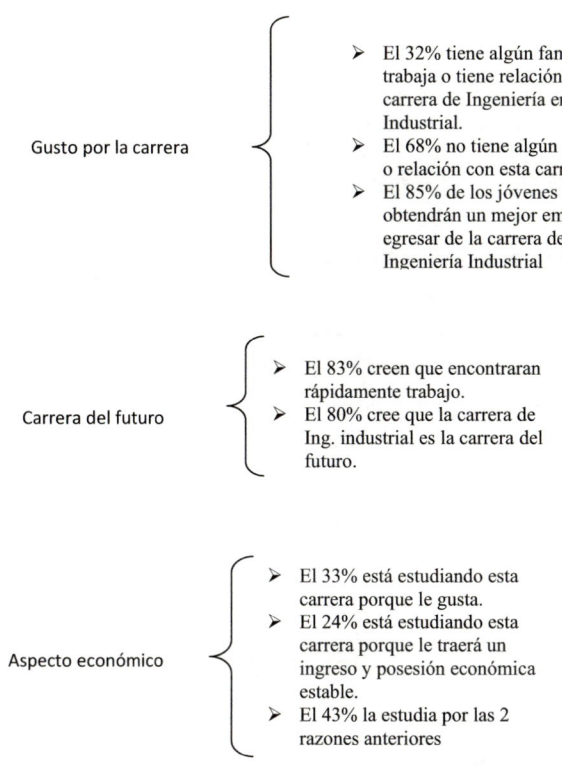

Gusto por la carrera

➢ El 32% tiene algún familiar que trabaja o tiene relación con la carrera de Ingeniería en Industrial.
➢ El 68% no tiene algún conocido o relación con esta carrera.
➢ El 85% de los jóvenes creen que obtendrán un mejor empleo al egresar de la carrera de Ingeniería Industrial

Carrera del futuro

➢ El 83% creen que encontraran rápidamente trabajo.
➢ El 80% cree que la carrera de Ing. industrial es la carrera del futuro.

Aspecto económico

➢ El 33% está estudiando esta carrera porque le gusta.
➢ El 24% está estudiando esta carrera porque le traerá un ingreso y posesión económica estable.
➢ El 43% la estudia por las 2 razones anteriores

También se muestra las áreas que cursaron los jóvenes encuestados en el bachillerato:

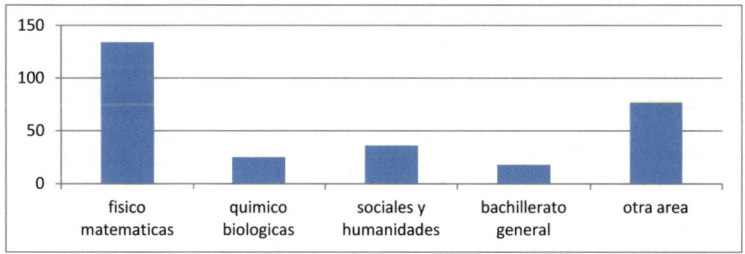

Donde visualizamos que el 46% de los jóvenes de nuevo ingreso cursaron el área de físico - matemático, y la mayor parte de los jóvenes el 54% curso otra área diferente a la dirigida de su carrera Ingeniería Industrial.

Es muy importante retomar la eficiencia terminal como un propósito prioritario en las instituciones desde la perspectiva de la presente investigación, la eficiencia terminal es sólo un indicio para abordar la complejidad de un problema educativo, generalmente las instituciones consideran a la eficiencia terminal como un elemento enunciativo de los logros académicos o del fracaso escolar sin considerar el entramado que subyace. La eficiencia terminal desde este escenario representa una oportunidad para generar nuevas condiciones y entender quiénes somos, cómo estamos constituidos y cómo aprendemos, en el camino a la construcción de una escuela de la vida y de la comprensión humana (Morín 2002). Las instituciones educativas modernas buscan esa esencia en los egresados de sus aulas, ese sentido de innovación como nos marca Gonzalo (2006):

> " como una institución educativa innovadora, flexible, centrada en el aprendizaje; fortalecida en su carácter rector de la educación pública tecnológica en México, con personalidad jurídica y patrimonios propios, con la capacidad de gobernarse a sí misma; enfocada a la generación, difusión y transferencia del conocimiento de calidad; con procesos de gestión transparente y eficientes; con reconocimiento social amplio por sus resultados y sus contribuciones al desarrollo nacional; con una posición estratégica en los ámbitos nacional e internacional de producción y distribución del conocimiento". (p. 3).

Aunado a esto se identificaron varios aspectos en las técnicas de estudio de los jóvenes de nuevo ingreso, mismas que se visualizan a continuación:

Lugar y condiciones de trabajo
- ➤ A veces cuenta con un lugar fijo para estudiar
- ➤ La mayoría de los jóvenes a veces estudian en la biblioteca.
- ➤ La mayoría a veces estudia viendo la TV.
- ➤ La mayoría a veces estudia escuchando música.

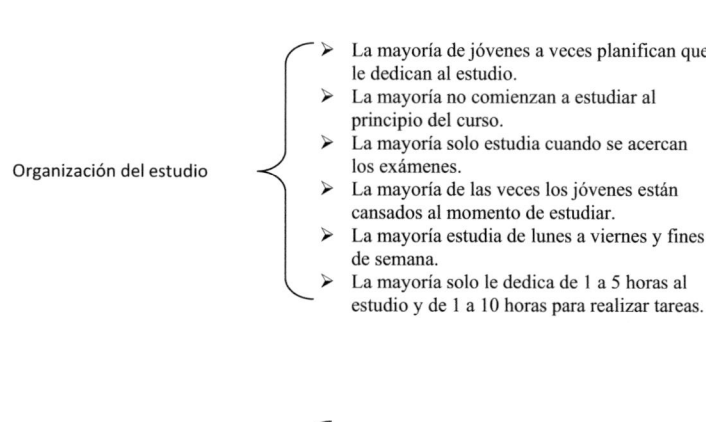

Organización del estudio
- ➤ La mayoría de jóvenes a veces planifican que le dedican al estudio.
- ➤ La mayoría no comienzan a estudiar al principio del curso.
- ➤ La mayoría solo estudia cuando se acercan los exámenes.
- ➤ La mayoría de las veces los jóvenes están cansados al momento de estudiar.
- ➤ La mayoría estudia de lunes a viernes y fines de semana.
- ➤ La mayoría solo le dedica de 1 a 5 horas al estudio y de 1 a 10 horas para realizar tareas.

Estrategias de aprendizaje
- ➤ La mayoría veces memoriza los apuntes para el día del examen.
- ➤ La mayoría a veces completa información con bibliografía complementaria.
- ➤ La mayoría de los jóvenes no laboran.
- ➤ La mayoría no cuenta con computadora propia.

Así mismo dentro de los resultados la encuesta de aspectos económicos los resultados son los siguientes:

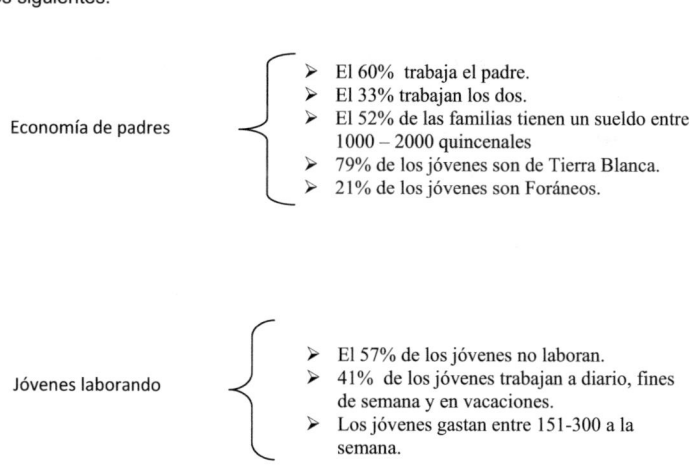

Economía de padres
- ➤ El 60% trabaja el padre.
- ➤ El 33% trabajan los dos.
- ➤ El 52% de las familias tienen un sueldo entre 1000 – 2000 quincenales
- ➤ 79% de los jóvenes son de Tierra Blanca.
- ➤ 21% de los jóvenes son Foráneos.

Jóvenes laborando
- ➤ El 57% de los jóvenes no laboran.
- ➤ 41% de los jóvenes trabajan a diario, fines de semana y en vacaciones.
- ➤ Los jóvenes gastan entre 151-300 a la semana.

Gastos universitarios
{
➤ Principalmente en pasaje, comidas, y copias.
➤ El 91% está de acuerdo que les afecta el aspecto económico en sus estudios.

Conclusiones.

Una vez obtenidos los resultados de los instrumentos de recolección de datos utilizados en la investigación, se vislumbra en lo referente a las técnicas de estudio de los jóvenes, que la mayoría no cuenta con un lugar fijo para estudiar lo cual entorpece el proceso de aprendizaje y más si en el mismo sitio se encuentran viendo la televisión o escuchando música, así mismo en lo referente a la organización del estudio es muy importante al momento de la construcción del conocimiento como nos dice Piaguet: "Si el conocimiento es la captación de las características fundamentales de un objeto, la captación de su modo de ser, entonces el conocimiento es una experiencia que nos obliga a dejar de lado nuestras ideas, deseos, gustos, prejuicios y preconcepciones."; en el rubro de estrategias de aprendizaje la mayoría de los jóvenes comentan que memorizan los apuntes para el día del examen a lo cual Ausubel nos comenta: "Es evidente que en las instituciones escolares casi siempre la enseñanza en el salón de clases está organizada principalmente con base en el aprendizaje por recepción, por medio del cual se adquieren los grandes volúmenes de material de estudio que comúnmente se le presentan al alumno.", esto es muy importante ya que los jóvenes no cuentan con un aprendizaje significativo, se acostumbran a memorizar elementos para acreditar los exámenes; en la gráfica de trayectoria educativa se visualiza que de los 290 alumnos de nuevo ingreso en la carrera de Ing. Industrial solamente 134 cuenta con conocimientos previos adecuados para dicha ingeniería; con respecto a los aspectos económicos se refleja que los gastos promedios de los jóvenes afecta de alguna manera su rendimiento en el Instituto ya que sus gastos principales son en pasaje, comida y copias; así mismo al evaluar el imaginario radical o individual de su carrera a los jóvenes de nuevo ingreso, se visualiza que más de la mitad están en dicha carrera porque fue su segunda opción y un 27% es porque sus padres les obligaron a tomar dicha carrera, para lo cual los jóvenes tienen la idea que egresando de Ingeniería Industrial contaran con un buen ingreso económico ya que piensan que su carrera tiene que ver en muchos aspectos con la industria, misma problemática se identifica con los jóvenes de educación básica ya que en la muestra tomada en la Secundaria Técnica No.15, los muchachos prefieren dicha carrera solo por el nombre de la Ingeniería ya que comentaron que está tiene que ver con la industria a lo cual el Dr. Daniel Cabrera nos comenta "Una sociedad es esencialmente surgimiento de nuevas significaciones imaginarias sociales, es decir, una institución cuya dinámica fundamental se da entre lo instituyente –lo imaginario radical- y lo instituido –las instituciones ya creadas-. Aquí lo decisivo es la capacidad de crear nuevas significaciones y nuevos sentidos, dentro de las cuales se hace imaginable y pensable una sociedad como si mismo, y el mundo como su mundo."; una vez expuesto dichas problemáticas se propone un programa de tutorías académicas Institucional para fomentar la problemática expuesta y mejorar la eficiencia terminal, así como un programa desde nivel básico de asesoría vocacional para que los jóvenes estén informados de las carreras universitarias y el contenido de las mismas para que tomen una buena decisión al ingresar a bachillerato.

Fuentes de consulta.

Bibliografía.

Cabrera, D.H. (2006). Lo tecnológico y lo imaginario. Las nuevas tecnologías como creencia y esperanzas colectivas. Buenos Aires, Argentina: Biblos.

Camarena, R. M. (1985). Reflexiones en torno al rendimiento escolar y a la Eficiencia Terminal. México : Revista de la Educación Superior. Vol 14. No. 1 (53). Mes Enero –Marzo.

Calero Pérez, M. (2008). Constructivismo pedagógico. Teorías y aplicaciones básicas. Lima, Perú: Alfaomega.

Garza Ruiz-Esparza, G. "La eficiencia terminal en algunas facultades de la UNAM", en: Ciencia y Desarrollo, N° 58, AÑO X, CONACYT, México, septiembre-octubre 1984, pp. 81-90.

Lozano Rodríguez A. (2006). Estilos de aprendizaje y enseñanza. Un panorama de la estilística educativa. D.F. México: Trillas.

Morin, Edgar. 1998. Introducción al pensamiento complejo. Barcelona: Gedisa Editorial.

Zúñiga Vázquez, M. (2006). Deserción estudiantil en el nivel superior. Causas y solución. D.F. México: Trillas.

Referencias Web.

Muñoz, Izquierdo, C. & Rodríguez, P. G. & Restrepo de Cepeda, P. & Borrani, C. (2005). El síndrome del atraso escolar y el abandono del sistema educativo. Obtenido de la red mundial de información el 12 de enero del 2009 de:

11

http://dialnet.unirioja.es/servlet/articulo?codigo=2237855

Salazar, Gómez, J.F. (2012). Imaginario de tecnologías informáticas y su relación con la elección de carrera. Revista Correo del Maestro. Obtenido de la red mundial de información el 15 de febrero del 2012 de:

http://www.correodelmaestro.com/